Rien ne s'efface

Alexia Matthews

Rien ne s'efface

LE LYS BLEU
ÉDITIONS

ISBN : 979-10-422-1307-7

Disparition

Je courais, je pleurais, je tremblais.

Je savais déjà ce que j'allais trouver en arrivant devant chez lui.

Inconsciemment, je refusais d'y croire. J'entendais déjà un sombre brouhaha qui s'émanait de la rue.

Je reconnaissais quelques voix et commençais à distinguer des personnes au fur et à mesure que j'avançais. Un homme me fit signe de rester éloignée.

Je tombai à genoux, mes mains frappèrent le sol, un cri effroyable sortit de ma poitrine.

On me releva brusquement quelques secondes plus tard, puis j'entendis mon prénom dans un souffle. Cette voix m'était familière. Je fis mine de me redresser et mes yeux s'ouvrirent péniblement.

J'étais entourée d'uniformes. Quelqu'un d'autre se tenait aussi près de moi, attendant un signe de ma part. C'était Adam, son père.

Les yeux rouges, le teint blême et les mains tremblantes, il me prit froidement dans ses bras avant de me chuchoter :

« Là… C'est terminé. »

Il me repoussa aussitôt, mit ses deux mains sur mes épaules, se racla la gorge.

Voulait-il m'annoncer quelque chose ?

Une femme attira soudainement l'attention. Tout le monde se précipita vers elle.

Une civière fit alors son apparition hors de l'appartement, un corps inanimé dessus, caché dans un grand sac blanc.

Ma vision se troubla, un vide absolu s'empara de moi. C'était donc vrai.

J'entendais en bruit de fond des mots terribles.

Suicide, overdose, sang, lettre. LETTRE ? Peu importe… J'étais dévastée. Il était parti. Je ne le reverrai plus. Il était tout, il le savait.

Deux de ses cousins assistaient aussi à cette triste découverte. Restés en retrait, je les sentais nerveux.

Ils me regardaient de manière très étrange… presque comme si j'étais fautive ! L'un d'eux me pointa du doigt. Je ne comprenais pas.

Il se mit à marcher en ma direction, l'air accusateur. Adam m'attrapa par la manche et me fit rentrer dans sa voiture pressement.

« Bon silence vaut mieux que mauvaise dispute… » me dit-il avant de démarrer.

Rencontre

Je me remémorais ce qui m'avait tant attiré chez lui par le passé. Ce n'étaient pas ses yeux vert émeraude, non… et ce n'était pas non plus son magnifique sourire et sa peau mate, ni même ses cheveux d'un noir intense, ou son petit nez fin à croquer. En fait, c'était un tout.

Il était physiquement parfait à mes yeux, je l'admets, mais j'admirais par-dessus tout sa façon d'être. Son style décalé, son regard lointain, la manière dont il marchait, bien droit, les mains dans les poches de son long manteau noir, un chapeau sur la tête. Son attitude et sa démarche révélaient avec certitude un manque de confiance, un état d'esprit noir et des sentiments négatifs à l'égard de tout ce qui l'entourait. Il évitait tout le monde et, de ce fait, passait le plus clair de son temps seul, ses écouteurs dans les oreilles. Silencieux, il déambulait tel un fantôme dans les couloirs du collège. Il me… fascinait. J'étais obsédée par lui, et le simple fait qu'il me frôle me rendait euphorique.

J'avais appris par cœur ses horaires de cours, les salles où il allait, pour m'y rendre et le croiser comme par hasard.

Arthur.

Aurais-je fait différemment si j'avais su la fin de cette histoire dès le début ?

Il savait à quel point il était important pour moi. Il le savait depuis le début et bien avant encore.

J'étais, pour ma part, une jeune fille tout à fait banale, vue de l'extérieur : petite blonde timide et discrète, habillée on ne peut plus simplement, toujours le sourire aux lèvres… mais au plus profond de moi, j'étais complètement différente. Du plus loin que je me souvienne, j'avais toujours l'impression d'être anormale, de ne pas être comme les autres filles de mon âge. J'avais beaucoup d'idées, généralement sombres, et je me faisais peur, parfois.

Je réfléchissais beaucoup, un tas de questions existentielles en tête. Tout m'atteignait si violemment. Pourquoi n'étais-je pas aussi insouciante que les autres… ?

Je m'amusais et échangeais peu avec mes amis, trop occupée à cogiter, stresser dans mon coin. Je m'étais plusieurs fois comparée à cette citation qui paraissait me correspondre véritablement : « Il y a des silences qui sont de dangereux explosifs. »

Incomprise de tous, impossible à me déchiffrer moi-même, je m'enfonçais dans l'irrationnel sans m'en rendre compte. Le pire est que je me complaisais (plus ou moins) dans ce délire, l'âme un peu torturée.

Avec du recul, je suis certaine qu'Arthur avait remarqué ce qui se passait en moi, comme je l'avais fait pour lui et que c'est exactement ce qui lui avait donné envie de venir m'aborder ce soir de décembre. Il savait qu'en étant avec moi il ne serait plus seul dans toute sa complexité et il avait raison.

Nous étions quasiment pareils, il extériorisait seulement ce que je cachais.

Décadence

Lorsqu'il s'approcha de moi pour me demander timidement s'il pouvait me raccompagner jusque chez moi, je savais que c'était le commencement de tout. Un échange de numéros, un sourire qui en disait long.

Nous nous étions trouvés, tombant fous amoureux l'un de l'autre. S'en suivirent des moments merveilleux, remplis de confidences, de partages et d'efforts personnels. Mais cette période idyllique ne fut que de courte durée.

Des tensions se firent rapidement sentir de ce que je croyais être simplement de la faute de nos forts caractères. Notre relation devint malsaine et dangereuse.

Tout le monde me disait qu'avec le temps rien ne s'arrangerait, que les « troubles comportementaux » de chacun ne feraient que persister et empirer. Je faisais la sourde oreille pour mieux fermer les yeux sur une dure réalité.

Personnellement, par la suite, je n'avais pas vraiment changé, trop concentrée sur les écarts d'Arthur, bien que l'on m'ait diagnostiqué une « hyper sensibilité et un haut potentiel émotionnel ». Ce qui expliqua enfin mes bizarreries quotidiennes, sans vraiment chercher à travailler dessus pour me sentir mieux.

Au fil des mois, les mauvaises fréquentations, la prise de médicaments en masse, la dépendance à l'alcool et à la drogue, j'avais assisté, impuissante, à la transformation totale de celui que j'avais connu sensible, doux, compréhensif et protecteur.

Devenu parfaitement imbuvable, arrogant, l'air supérieur, bagarreur, je ne le reconnaissais pas. Impossible de passer une soirée avec lui sans qu'il s'en prenne violemment à quelqu'un. Et puis, parfois, ce quelqu'un, c'était moi.

Les premières fois, je ne m'étais pas laissée faire par ce que je croyais être de petites crises passagères et j'avais riposté fièrement en le repoussant et en le provoquant.

Grave erreur !

C'est après lui avoir retourné une grande gifle sur le visage, devant tous ses « amis », que j'ai fini par comprendre la puissance d'un homme face à une femme, quand traînée comme une poupée de chiffon je me suis fait soulever et plaquer contre le mur avec une force insoupçonnée, son visage à quelques centimètres du mien avec un « Attention à toi. Ne refais jamais ça ! », comme mise en garde.

Seulement, j'éprouvais plus d'empathie que de peur envers lui parce que je sentais que ces accès de colère ne m'étaient pas directement destinés. Heureusement, il ne me frappait jamais, contrairement à ce qu'il pouvait infliger aux autres. Il mettait des coups à côté de moi comme pour me menacer, me serrait fort entre ses doigts, me bousculait, me secouais, mais je voyais que tout cela n'était pas réellement contrôlé. Je distinguais dans ses yeux une sorte de détresse profonde qui l'empêchait de toute évidence à prendre conscience de ses actes. Avec du recul, j'aurais dû comprendre que même sans recevoir de réels coups, je subissais d'autres formes de violence... mais trop jeune, trop peu éduquée sur le sujet, à aucun moment l'idée de fuir ne m'avait traversé l'esprit.

Il descendait progressivement en enfer tandis que je lui emboîtais le pas en tombant dans une dépression hostile.

Repliée sur moi-même, je perdais goût à tout, je commençais même à le suivre dans son agressivité et sa morosité permanente.

Nous nous confortions dans notre malheur et il était certain qu'en continuant dans cette lancée, ni l'un ni l'autre ne remonterait la pente.

Saturation

Nous étions allés chez un ami qui avait organisé une fête. Mais ce soir-là, la musique était trop forte pour moi, il y avait trop de monde et l'alcool m'avait rendue encore plus triste que d'habitude. Je ne supportais plus cette soirée. Mat, un ancien camarade de lycée, m'avait vu bouder dans mon coin et m'avait discrètement emmenée dans la cuisine prétextant vouloir discuter tranquillement. En réalité, il rêvait depuis longtemps que je quitte Arthur pour lui. Il ne voulait donc pas vraiment discuter, il voulait surtout trouver un meilleur moyen de faire tourner la situation à son avantage. Tout en sachant ce qu'il préparait, je le suivis, profitant d'un instant d'inattention de la part d'Arthur.

Il alluma une cigarette sans dire un mot, puis il se rapprocha de moi en soupirant :

« On n'a pas le droit de faire du mal à quelqu'un d'aussi gentil que toi, tu le sais ça ? »

Levant les yeux au ciel par mécontentement, je lui fis comprendre de se mêler de ses affaires, mais il ne l'entendit pas de cette manière.

Il prit mes cheveux entre ses doigts, se mit à jouer avec quelques secondes et déposa un baiser chaud et tendre dans mon cou.

« C'est comme ça qu'on devrait te traiter, Alex... » ajouta-t-il.

Je me mis à pleurer en me réfugiant dans ses bras. Cette fois-ci, ses mots m'avaient atteinte. Il avait compris ce qui se passait entre nous et je ne savais pas s'il avait raison sur le fait que je sois une gentille personne, mais il avait tout de même vu juste sur le reste.

Tout à coup, Arthur, sorti de nulle part, arriva comme une furie près de nous. Il avait tout entendu, tout vu, je suppose. Il me fit valser contre l'îlot central et empoigna Mat pour le mettre à terre.

... Une bagarre d'ados alcoolisés commença.

C'en était trop ! J'aimais Arthur plus que tout, mais il m'isolait de mes amis et contrôlait tous mes faits et gestes. Je ne pouvais plus respirer, je voulais fuir, je ne savais plus où j'en étais avec lui, pour lui.

Son soi-disant passé douloureux n'excusait plus son attitude.

Avant même qu'il ait le temps de le voir, j'avais pu grimper au premier étage pour m'enfermer dans la salle de bain. J'étais paniquée. Je savais exactement pourquoi j'étais venue dans cet endroit et ce que je comptais y faire, j'étais apeurée par cette idée. Je me souviens encore avoir fouillé dans l'armoire pour y trouver des médicaments ainsi qu'avoir pris soin d'avaler tout ce que j'avais entre les mains, en espérant que rien ne soit douloureux. Puis le trou noir.

Quelques souvenirs me revenaient par bribes. La porte qui éclate, les hurlements de Mat pendant qu'Arthur essayait de me faire vomir. La sensation de la douche froide sur mes habits. Des pleurs.

Je me réveillais de longues minutes plus tard, le cœur palpitant, trempée et complètement perdue.

Rien ne s'était passé comme prévu, fort heureusement pour moi. Pour autant, je ne pouvais plus continuer ainsi.

Cette relation était devenue ingérable.

Les bons moments se faisaient rares et nous en venions de plus en plus souvent aux mains. Je ne supportais plus d'être soumise à un rapport de force. Il fallait que tout cela cesse, mais je n'avais pas le courage de le laisser. Je l'aimais beaucoup trop…

Absence

« Je préfère partir avant que tu me quittes. Je pars étudier le droit à Paris. De ton côté, tout ira beaucoup mieux sans moi et tu pourras trouver quelqu'un qui te mérite vraiment. »

Ensuite, plus rien.

Arthur venait de rompre avec moi, comme ça, alors que je faisais tout pour que ça n'arrive pas depuis des mois ! J'étais anéantie par cette nouvelle, mais j'espérais par-dessus tout qu'il aille mieux, qu'il s'en sorte vraiment avec ses démons, qu'il soit enfin heureux.

Je pensais à lui tous les jours, en attendant un appel, un message, n'importe quoi.

Je m'attendais au moins à ce qu'il revienne pour l'été. Mais non…

Deux mois plus tard, en vacances avec ma meilleure amie, je parvenais enfin à me détendre, à profiter du soleil et des soirées en bord de mer. Je m'amusais, je rentrais tard, je faisais de nouvelles rencontres. C'était si bon. Depuis le temps que je rêvais d'aller en boîte de nuit sans être constamment surveillée !

Le lendemain d'une fête bien alcoolisée, un appel me réveilla en sursaut.

C'était Arthur. J'étais tellement contente !

En décrochant, je découvris avec stupeur qu'il ne s'agissait pas de lui du tout, mais de son père.

Il pleurait et avait du mal à parler.

Il prit une grande inspiration et finit par tout me dire :

« Mon fils, mon unique fils… Il vient d'être plongé dans un coma artificiel parce qu'il… il a fait une tentative de suicide. Qu'est-ce que j'ai fait pour mériter ça ? C'est le concierge qui m'a téléphoné ce matin pour me dire qu'il avait entendu des pleurs et des cris, toute la nuit et qu'il avait appelé les secours de peur qu'il lui soit arrivé quelque chose de grave… »

Abasourdie par ces paroles, je lui répétais que ce n'était pas possible, qu'il voulait tourner la page, tout en mettant mes affaires dans ma valise, pour venir le rejoindre.

Adam ajouta alors : « Ne viens pas à Paris, tu n'as pas le droit de le voir. Puis de toute manière ça ne servirait à rien, tu sais, enfin tu vois ce que je veux dire, cette partie de l'hôpital n'est vraiment pas… mais c'est toi qu'il demandait quand les secours sont arrivés. Pas moi, évidemment. »

Il me raccrocha au nez en me laissant bouche bée. Ma meilleure amie me regardait, appuyée contre le mur, les bras croisés. Nul besoin de lui expliquer, elle avait déjà tout compris.

Elle n'aimait pas beaucoup Arthur alors, je l'imaginais déjà en train de me dire « C'est qu'un connard de toute façon », ce qu'elle disait toujours lorsque je parlais de lui.

J'étais tremblante comme une feuille. Qu'allais-je faire ? Après une longue réflexion, je pris finalement la décision de terminer ma semaine de vacances en faisant au maximum comme si rien ne s'était passé, ce que tout le monde me conseillait.

Ce fut interminable, mais ils avaient raison, je ne pouvais rien faire de plus…

Je savais la cause du mal-être d'Arthur. Il m'en avait fait part, une nuit où nous ne parvenions pas à trouver le sommeil. Lorsqu'il fait noir, les choses qui nous arrachent le cœur sont certainement plus simples à dire… finalement, il trouva la force de me dire avec un calme olympien que sa mère s'était suicidée sous ses yeux avec une arme à feu lorsqu'il n'avait que huit ans. Un tel choc ne pouvait que l'empêcher de vivre correctement !

Il aurait pu s'en remettre bien mieux s'il avait été plus accompagné et surtout entouré par des professionnels. Mais après la mort de sa femme, Adam avait fait de son fils un vrai petit prince, pourri gâté, en le mettant sur un piédestal indescriptible, ce qui logiquement ne l'avait pas vraiment aidé à avoir les pieds sur terre.

Je n'étais (et ne suis toujours) pas psychologue, mais j'avais la ferme conviction que tous ses problèmes venaient du fait qu'il en veuille à sa mère d'avoir fait une telle chose devant lui ainsi qu'à son père pour ne pas avoir cherché à l'écouter, mais plutôt à le faire taire. J'étais persuadée de pouvoir l'aider…

Retour

Novembre. J'attendais au milieu du hall de gare, guettant les escaliers, mourant d'impatience.

Je me demandais si j'avais eu raison de venir le chercher alors qu'il sortait seulement de l'hôpital et si les choses allaient enfin changer entre nous après toute cette histoire.

J'avais réussi à retrouver une certaine paix intérieure et j'étais anxieuse que nos retrouvailles me replongent dans le noir complet. J'avais pourtant hâte qu'il soit devant moi, je m'étais même imaginé mille fois ce moment. Tout à coup, je vis apparaître sa silhouette. Les larmes me montèrent aux yeux.

Je me remémorais tout ce qui s'était passé avec lui. Il était trop tard pour faire demi-tour. Trop tard pour y réfléchir encore une fois. « Je lui laisse une dernière chance, rien qu'une. »

Mon sang se glaçait au fur et à mesure qu'il s'approchait de moi. Je serrais les dents pour ne pas craquer, mais il était déjà trop tard. J'étais tiraillée entre la joie et la douleur.

Il était méconnaissable ! Très amaigri, le regard fuyant, il peinait à marcher et traînait sa valise avec difficulté. Il s'arrêta à quelques mètres de moi et baissa la tête. Il éclata en sanglots, recouvrant son visage avec son bras.

Je me tenais là, sans bouger, le souffle coupé. J'étais tétanisée.

Après quelques secondes d'hésitation, il me fixa puis accourut vers moi, se mit à genoux et colla sa tête contre mon ventre en chuchotant : « Pardonne-moi, je t'en supplie. Pardon, Alex, pardon. » Il se releva doucement, caressa mon visage et m'embrassa avec adoration, en me serrant un peu plus contre lui. J'avais oublié la foule de cette gare, l'heure qu'il était, le temps qu'il faisait. L'ambiance était si particulière. Plus rien n'avait d'importance, il était là.

Il ouvrit la porte de chez lui, silencieux, comme il l'avait été tout le long du trajet.

Il posa ses affaires, retira ma veste presque timidement et me fit signe de m'asseoir sur le canapé. Je connaissais bien cet endroit, mais quelque chose me mettait mal à l'aise. Il était trop tôt pour que j'y retourne. Désorientée, je répondis : « Ce n'est pas la peine, je ne vais pas rester longtemps… » Il s'avança alors près de moi, mit sa main sous ma chemise en la faisant glisser lentement le long de mon dos, puis me fit reculer jusqu'à me placer contre le mur. Mes yeux se fermèrent. Il savait toujours comment m'amadouer. Il déposa de légers baisers sur ma bouche en me déshabillant. Ses lèvres effleurèrent mon front, mes joues, mon menton puis mon cou. Je frissonnais. J'allais rester un peu plus longtemps que prévu…

Transformation

Et en un rien de temps, il semblait renaître de ses cendres. Il avait réemménagé en ville, près de la faculté de droit qu'il avait repris avec motivation pour devenir avocat, comme son père. Il était si fier.

Il me comblait de bonheur, j'avais tout ce dont je rêvais d'avoir avec lui. Avait-il réellement changé ? J'en doutais pourtant…

En sortant de la douche, il avait disparu. Il avait laissé une jolie boîte sur son lit avec un petit mot : « J'espère qu'elle te plaira. À tout à l'heure. »

Je savais qu'à 19 h je devais l'accompagner à une conférence (ennuyante à mourir) sur le monde juridique, alors je me doutais déjà de ce qui se trouvait dans ce paquet :

Une tenue correcte.

Effectivement, en ouvrant, je découvris une magnifique robe bustier rouge satiné.

Je m'empressais d'essayer cette merveille quand l'étiquette tomba à mes pieds. Mes yeux s'écarquillèrent. C'était une marque tellement luxueuse que jamais je n'aurais pensé pouvoir la porter, même pour l'essayer.

C'était un véritable bijou, elle m'allait si bien ! J'en étais frustrée. Je n'avais pas besoin d'une robe comme celle-ci. Briller en société, ce n'était pas mon truc.

C'était l'heure. Il m'attendait déjà dehors, les mains dans les poches d'un costume noir qui le rendait terriblement attirant. Il me lança un regard flatteur puis tapota sa montre en grimaçant pour me faire presser le pas. Je descendis les escaliers nerveusement, talons de quinze centimètres aux pieds. Il ouvrit la portière de sa voiture et m'y installa avec amusement en me glissant « C'est bien, tu prends sur toi ! » avant de refermer, un sourire en coin. Il savait que je me retenais de lui faire une scène de ménage pour ce cadeau disproportionné.

Ses bonnes manières et ses efforts lui avaient sauvé la mise !

« On ne va pas à une conférence, hein », lui dis-je quelques kilomètres plus tard. Je commençais à monter en pression. Il arrêta sa voiture sur le bas-côté, sortit, puis revint une minute plus tard, un énorme bouquet de roses blanches au bras. Il me le tendit alors en riant : « Tiens, ça c'est pour toi. Tu peux arrêter de bougonner maintenant ? » Je fis la moue.

Il reprit : « Bon, écoute. J'essaye de faire mon maximum pour toi ce soir et je n'ai pas terminé. Je veux te prouver à quel point je t'aime, je veux te montrer que je ne vois plus ma vie sans toi et que je veux surtout te rendre heureuse, aujourd'hui et toutes les années à venir. » Puis il retira de sa poche, un petit je ne sais quoi qui me rendit curieuse. Il prit ma main et, délicatement, mit au creux de ma paume un écrin rouge en velours. Il me l'ouvrit, laissant apparaître une sublime bague et annonça avec un ton solennel : « Partons loin d'ici, pour une nouvelle vie, pour oublier le passé, pour tout recommencer. Je n'ai besoin que de toi, épouse-moi. »

HEIN !

« Partir ? Se marier ? Mais, Arthur, on ne peut pas, enfin, on est trop jeunes ! Je veux passer ma vie à tes côtés, c'est ce que je désire plus que tout au monde, mais partir loin de ma famille, de mes amis, je ne sais pas, pour l'instant… c'est impossible. Je ne suis même pas majeure ! » paniquais-je. En vérité, j'avais eu simplement envie de lui dire qu'il avait craqué et qu'il était complètement fêlé, mais tout ce qu'il avait fait pour moi à ce moment partait d'une bonne intention.

Mes mots étaient donc sortis avec plus de finesse. « J'attendrai le temps qu'il faudra, ne t'en fais pas », rétorqua-t-il un peu déçu. Avant même que je reprenne la parole, il ajouta :

« Maintenant, je t'invite dans un super restaurant, ensuite on ira boire un verre dans la plus chouette boîte de la ville, et pour le reste, j'ai réservé une chambre dans un hôtel à quelques kilomètres. Je veux que cette soirée soit parfaite. »

Désillusion

Tout allait vraiment pour le mieux. C'était évident… Il avait changé !

J'avais passé des mois sans aucun problème apparent avec lui, mes doutes s'étaient complètement évaporés, j'étais si heureuse d'avoir réussi à nous faire évoluer positivement !

Et puis…

Nous profitions d'un moment tous les deux, sur un banc en face de chez lui quand tout à coup une voiture freina brusquement devant nous. Quatre hommes en sortirent rapidement, l'un d'eux avait une batte de baseball à la main. Ils riaient. Je sentis le règlement de compte arriver.

« Il y a quelque chose que tu ne m'as pas dit Arth ? » chuchotais-je en me levant.

« Non… » me répondit-il avec une tête de coupable.

« Ce n'était pas une question putain… »

Le conducteur prit la parole en s'avançant vers moi : « Ben oui, Arth, y a quelque chose que tu ne lui as pas dit ! » Il me prit par le col de ma veste, me bouscula brutalement derrière lui et reprit : « Dis-lui, toi, à ta copine, que tu nous dois pas mal de thunes et que tu t'es évaporé du jour au lendemain !

Le fils à papa, même pas capable de régler ses dettes, comme quoi ! »

Arthur n'osait pas croiser mon regard, honteux. Il fixa avec colère ce type qui avait désormais sa main serrée sur ma nuque. « Lâche-la, Eddy. Elle n'a rien fait, elle », lança-t-il enfin. Il y eut un court silence puis le fameux Eddy ricana à nouveau, fit un hochement de tête à deux de ses ridicules chiens de garde qui attrapèrent Arthur et le mirent à genoux face au troisième qui détenait la batte.

Je sentais mon cœur battre dans ma poitrine, tel un tambour. « Je vais payer, Ed, j'ai plus donné de nouvelles parce que je me suis rangé.

J'suis réglo. J'y pensais plus, c'est tout. Je vais payer, putain, laisse-la ! »

Je ne comprenais pas tout. J'étais sidérée par la situation.

Et puis d'ailleurs je ne cherchais même pas à comprendre. J'avais seulement peur, mais je tentais tant bien que mal de ne pas le montrer en gardant la tête haute. L'autre tête de con d'Eddy s'approcha de moi, me mit deux petites tapes sur la joue pour me provoquer et en me regardant droit dans les yeux me murmura :

« Tu m'plais bien, t'es mignonne ! J'essayerai de pas trop t'abîmer. »

Dans un élan de rage, je pris une grande inspiration et attendis qu'il soit au plus près de moi, pour lui mettre un coup de tête monumental. Il tomba presque instantanément le nez en sang. J'étais hyper fière de moi.

Je fis un sourire de grande satisfaction, la tête ensanglantée.

J'entendis un « Oh putain ! » général, puis la situation dégénéra rapidement.

J'eus à peine le temps de regarder Arthur secouer la tête d'incompréhension qu'un coup sur mon côté droit me mit à terre. J'avais le souffle coupé et la douleur m'envahit rapidement. Ma vision se troubla. Eddy se releva et vint me mettre un coup de pied dans le dos avant de remonter dans sa voiture, son tee-shirt sur son visage ensanglanté.

Je vis Arthur mettre quelques coups de son côté et se faire mettre au tapis par le « courageux » garçon à la batte.

Une voiture de police arriva au loin, sûrement grâce à un voisin.

Les quatre écervelés s'empressèrent de fuir en nous laissant au sol. J'étais si soulagée !

Dieu sait jusqu'où ils auraient pu aller avec nous…

Résultat de cette soirée : côtes fêlées et cassées. Seulement quelques mois après avoir retrouvé celui que j'aimais, j'étais à nouveau confrontée à des problèmes à cause de lui. J'étais tellement déçue ! Je me promettais que cette fois-ci était la dernière fois que je me mettais en danger pour Arthur. Mon entourage ne se doutait pas une seule seconde de toutes ces blessures physiques et morales que je cachais. Mais la vérité éclate toujours au grand jour et je voulais reculer au maximum ce moment.

Rechute

Un message sur ma boîte vocale :

« Salut, Alex, c'est Adam. Arthur est une fois de plus à l'hôpital… je devrais prendre un abonnement, tiens. Apparemment, des mecs ont foncé dans sa voiture pour le faire sortir et ils l'ont tabassé bien correctement. C'est encore un coup de ces sales merdeux. Bon, ce n'est pas vraiment grave par rapport à ce qu'il peut nous faire habituellement, mais cette fois-ci, si tu veux venir le voir, il est à l'hôpital central. Chambre 320. Moi, je sature, alors je te souhaite bien du courage. La voiture est foutue… Bisous. »

J'entrouvris avec délicatesse la porte de la chambre où il était pour vérifier s'il dormait, quand je vis sa petite tête enroulée dans un gros bandage blanc, un bras dans le plâtre, vêtu d'une immonde et inutile chemise d'hôpital qui laissait apparaître de nombreuses contusions sur son corps. Je m'approchais à tâtons pour ne pas le réveiller. En arrivant près de son lit, il ouvrit les yeux et me fit un sourire en bredouillant avec difficulté :

« C'est dommage, je n'avais pas ma copine pour lui mettre un coup de tête à ce connard. »

Un rire nerveux m'échappa, mais mes sourcils se froncèrent la seconde suivante.

« Tu ne te rends pas compte de la gravité de la situation Arthur ? Ou bien t'es simplement super con ? À croire que tu aimes ça, c'est dingue ! » rétorquais-je en croisant les bras pour paraître plus sérieuse. Je n'avais pas envie de me battre avec lui, à lui rabâcher encore et encore des paroles qu'il n'écoutait même pas. Mais au moins, ma conscience était apaisée. Il ne répondit même pas, il se contenta de me regarder, luttant pour rester éveillé.

Une semaine après, en revenant le voir, je fus surprise de le voir debout de si bonne heure. Il était en train de faire son sac pour rentrer chez lui. Je n'avais pas été mise au courant, mais il avait l'air en forme, c'était le plus important. Il avait troqué son horrible chemise contre un jogging. Il releva la tête et en me voyant me fit signe de fermer derrière moi.

« La bouffe va vraiment, mais VRAIMENT, me manquer ! » dit-il avec ironie.

« Et les infirmières aussi, non ? » répliquais-je avec un brin de jalousie dans la voix.

Il s'approcha de moi, m'embrassa langoureusement en soufflant dans mon oreille : « Elles ne t'arrivent pas à la cheville ! »

Puis il me porta et, en m'allongeant sur le lit avec un regard coquin, il reprit :

« Après on s'en va donc… au pire si on se fait attraper, on s'en fout ! »

Un rien lui refaisait prendre goût à l'aventure… Il ne s'arrêtait donc jamais !

Ce que je vivais avec lui était indescriptible.

Je savais qu'il était instable, qu'il y avait toujours quelque chose qui m'éloignait d'une vie normale lorsque j'étais avec lui.

Et pourtant, j'y retournais. Bien consciente.

Je ne voulais pas continuer ainsi, mais je ne voulais pas non plus être sans lui.

Comme si je tendais un bâton pour me faire battre. Je savais pertinemment qu'il ne changerait jamais. Je persistais tout de même. POURQUOI ?

Addiction

Couchés sur le lit, éclairés par la télévision, je le regardais somnoler en caressant son torse. Elle était là, la raison pour laquelle je n'arrivais pas à mettre fin à cette histoire avec lui. Il était magnifique, intrigant, mystérieux, attirant.

Sa peau sous mes doigts frissonnait. Il tourna sa tête de mon côté. Ma main se retira.

Il ouvrit un œil puis grogna :

« Oh non, n'arrête pas… » en étirant ses bras.

Dans la pénombre, j'aperçus plusieurs coupures au niveau de ses poignets. Je le saisis pour observer. C'était bien ce que je pensais : des traces de mutilation. Je ne pouvais rien dire, car dans mes sombres périodes, il m'arrivait d'avoir ce genre de cicatrices, mais celles-ci étant récentes, je me rendis compte qu'il fallait que je profite de l'instant présent, car je ne savais pas de quoi serait fait le lendemain avec Arthur. Il était tellement imprévisible. Je le lâchais, en me blottissant contre lui. Une larme tomba sur mon front. « Je suis désolé », dit-il. « Ce n'est pas de ta faute… » répondis-je, partagée entre la compassion et l'inquiétude.

Je ne pardonnais pas ce qu'il avait pu faire auparavant, mais je ne parvenais pas non plus à le blâmer, alors à quoi bon se faire du mal ? Je l'aimais, au-delà de ses changements d'humeur, de ses erreurs. Je savais bien que quoi qu'il arrive, cette relation allait mal se terminer. À ce moment, j'avais décidé de vivre au jour le jour avec Arthur, comme s'il souffrait d'une maladie incurable. Cela pouvait paraître bizarre, mais je me disais seulement que chaque moment passé avec lui me rapprocherait indéniablement de la fin…

C'était tout.

Je m'étais accrochée à lui, comme si ma propre vie en dépendait.

Accrochée tellement fort que le monde aurait pu s'écrouler sans que je le remarque.

J'en étais aveuglée. Je lui avais donné tout ce que j'avais, j'aurais même pu tuer pour lui s'il me l'avait demandé. Il me rendait… si différente.

Paradoxalement, je me sentais invulnérable à ses côtés. J'étais sous son emprise, il aurait pu faire n'importe quoi de moi. Il m'avait seulement rendue accro à lui, mais je n'étais même pas sûre qu'il l'avait fait consciemment.

Désespoir

Et puis, à force de lui avoir accordé des dernières chances, encore et encore, jusqu'à me rendre compte que tout cela devenait parfaitement ridicule, à force d'avoir menacé, pleuré, ignoré sans qu'il n'y ait jamais aucun véritable changement, à force d'avoir tout fait pour lui faire apprécier la vie alors qu'il n'avait même pas l'intention d'essayer : j'ai fini par lâcher prise. Non sans mal.

Comme si j'avais voulu tout à coup stopper la prise d'une substance à laquelle j'étais dépendante. Je lui avais demandé de me rejoindre dans un petit parc en face de chez moi, au beau milieu de la nuit. À ce moment, je ne réalisais pas à quel point ce que je m'apprêtais à faire allait changer ma vie à tout jamais.

J'étais malheureuse d'avoir à mettre fin à cette relation, mais j'étais fatiguée de vivre en fonction de ses états d'âme. Je savais que personne ne m'aimerait plus jamais comme il m'aimait et il en allait de même pour moi, ce qui rendait la situation encore plus difficile. Lorsque j'entendis ses pas derrière moi, ma gorge se serra.

« Reste où tu es Arthur, reste derrière moi, je t'en prie ! » criais-je.

« Mais qu'est-ce que tu me fais ? Tu me fais peur ! » répondit-il, la voix tremblante.

C'était affreux.

« Laisse-moi parler, s'il te plaît, reste où tu es ! » sanglotais-je avant de reprendre.

« Je veux plus te voir, je veux plus te sentir, je veux plus t'entendre. Plus jamais… »

Je me mordais les lèvres pour éviter de pleurer davantage.

Il s'avança près de moi et mit ses mains sur mes épaules : « Pitié, ne me fais pas ça, je ne suis rien sans toi, je ne peux pas continuer sans toi, tu le sais très bien… »

Puis il se plaça devant moi.

Je me retournai alors pour rester dos à lui.

Il fallait que j'aille jusqu'au bout :

« Tu aurais dû en prendre conscience bien avant. C'est trop tard maintenant. De toute manière, même avec moi t'as pas envie de continuer, hein ? Toutes ces années, j'étais à tes côtés, à t'aimer, malgré tout, pendant tout ce temps tu n'as fait que me faire du mal et me mettre en danger. J'ai eu peur pour toi, j'ai eu peur DE toi, j'ai menti à mes amis, à ma famille pour toi ! J'ai voulu t'aider, j'ai tout fait pour te comprendre, je t'ai tout donné ! TOUT ! Toutes ces fois où tu as mis des coups de poing à deux centimètres de mon visage pour m'effrayer, toutes ces fois où j'ai préféré fermer les yeux plutôt que de te voir comme un monstre, je l'ai fait parce que je t'aimais et parce que j'avais de l'espoir pour toi, pour nous ! Tu n'as jamais réalisé que j'étais la seule personne à te supporter dans ta dépression, la seule personne qui venait te voir à l'hôpital après toutes tes conneries ! Et toi, t'as fait quoi pour moi ? À part faire acte de présence, t'as fait quoi ! Tu joues avec ta vie, Arthur, et tu joues avec la mienne aussi… mais ça, c'est plus possible, je suis désolée. »

Je me mis alors face à lui. J'avais réussi à dire tout ce que j'avais gardé sur le cœur.

Il mit ses mains sur ses oreilles et se mit à crier qu'il était dans un cauchemar et qu'il allait se réveiller. Je peinais à le regarder, mais il fallait qu'il comprenne que cette fois-ci, je ne changerai pas d'avis. Je restais donc statique, les poings fermés et la mâchoire serrée en attendant qu'il se calme. Lorsqu'il releva enfin la tête, silencieux, quelque chose me fit reculer rapidement.

Il avait le regard tellement noir que je pris peur, mais il était trop tard. Il m'attrapa par le bras et me plaqua contre un arbre avec force et rage. Il cria à nouveau : « Tu ne peux pas faire ça. Pourquoi tu fais ça ? » En tapant sur sa tête, il reprit : « Tu me rends fou ! Tu me rends malade ! Je ne peux pas te sortir de ma tête ! J'en suis incapable ! »

Profitant de ce moment, je me mis à courir, mais il me rattrapa rapidement. Je me débattis, en vain. Mes pieds ne touchaient même plus le sol, il m'avait soulevée pour que je ne puisse plus bouger.

Il entendit soudainement quelqu'un s'approcher de nous. Il me relâcha alors en essayant de deviner de qui il s'agissait, dans la pénombre.

Par chance, j'avais demandé à Mat de me guetter de loin au cas où les choses tourneraient mal.

Je le vis arriver en courant, prendre de l'élan et pousser Arthur de toutes ses forces avant de lui mettre un coup dans le ventre qui le mit à terre. « Ça fait tellement de temps que je rêve de ça ! » lui dit-il en lui remettant un coup au visage.

« Ça suffit, Mat ! » hurlais-je de douleur.

Il vint alors vers moi et me souffla : « C'est bon, on s'en va, Alex », en me prenant dans ses bras comme dernière provocation. Arthur restait là, à genoux, à bout de souffle, sans riposter, en me regardant partir.

Je l'entendais pleurer, mon cœur se brisait au fur et à mesure que je m'éloignais de lui.

« Ne te retourne pas, ne le regarde pas… » répétais-je en montant dans la voiture.

Pressentiment

J'attendais cet ultime appel de la part d'Adam. Au fond de moi, je savais qu'Arthur allait vouloir mettre fin à ses jours pour de bon, si je le quittais. Je ne le souhaitais absolument pas, bien au contraire… mais j'en étais certaine, comme une intuition, voilà tout.

Un après-midi d'hiver, alors que j'étais au lycée, mon téléphone se mit à sonner.

En voyant le nom affiché sur l'écran, je compris.

Je pris mes affaires en vitesse et, sans dire un mot, sortis hors de la classe.

Je décrochais de justesse : « A… Alex ? » entendis-je. Tout mon corps se pétrifia.

« Tu sais pourquoi je t'appelle, n'est-ce pas ? Tu veux que je vienne te chercher ? » dit-il.

Je raccrochai. Je me mis à paniquer et commençai alors à courir. Je pris un bus machinalement, puis un autre.

À peine descendue, je me remis à cavaler, mes poumons étaient comprimés, mais je courrais toujours et je n'avais pas l'intention de m'arrêter tant que je n'étais pas arrivée.

Et puis se déroula cette horrible scène. La rue encerclée, les sirènes, les cris, cette civière. Ces reproches…

Je pensais que les cousins d'Arthur s'en étaient pris à moi sur le coup de la peine, mais pas vraiment. Eux, comme la moitié de sa famille, étaient catégoriques : j'étais carrément une tueuse. J'avais voulu et prévu depuis bien longtemps sa mort. Adam essayait tant bien que mal de leur faire comprendre que j'étais tout le contraire de ce qu'ils pensaient, mais rien n'y faisait, ils étaient bornés. Tout d'abord, ils refusèrent que je sois présente à l'enterrement d'Arthur. Puis, s'en suivirent de menaces de mort, d'insultes toujours plus nombreuses avec le temps. Ils m'en faisaient voir de toutes les couleurs.

J'en venais à me demander : savaient-ils qu'Arthur était dépressif, bipolaire, drogué, violent et suicidaire ? Où ne voulaient-ils tout simplement pas y croire ?

Dans tous les cas, ils ne m'avaient jamais appréciée. Cela devait donc être simple pour eux de rejeter la faute sur moi. Moi qui avais tant fait pour Arthur !

Oui, je me doutais de ce qui allait se passer, mais cela ne faisait pas de moi la coupable ! Je ne pouvais rien y faire ! Personne n'y pouvait rien…

Quelques semaines plus tard, Adam m'apporta une enveloppe avec un post-it dessus, le tout emballé dans une pochette transparente.

« Les flics voulaient tout passer au peigne fin, je suis désolé… » m'avoua-t-il. Je n'allais donc pas être la première personne à la lire malgré le fait qu'elle me soit uniquement destinée.

Est-ce qu'Adam l'avait lue aussi ? C'était la fameuse lettre qu'Arthur avait laissée avant de se suicider… évidemment qu'il l'avait lue.

Je jetai un coup d'œil sur le post-it. Il y avait marqué « Et n'oublie pas ta jolie robe, qui t'attend toujours dans mon armoire. »

Je serrais les dents. Rien que ce petit mot me faisait un mal de chien. Je n'étais pas certaine d'être prête pour la lettre, mais l'ouvris tout de même.

Une image tomba de l'enveloppe. C'était une vieille photo d'Arthur et moi. Je m'effondrais alors. Adam haussa le ton : « Eh, eh Alex, mais pourquoi tu t'infliges ça ? Si t'es pas prête à lire, ne le fais pas ! Referme tout ça ! »

Il avait raison. Il reprit :

« Maintenant, va te reposer, respire, retrouve une vie normale, c'est amplement mérité ! »

Une page devait se tourner, tout le monde me poussait à le faire. J'étais rassurée d'être autant épaulée par mes amis et ma famille, qui à présent étaient au courant de tout.

Enfin. En rentrant chez moi, je mis la lettre sur ma table de chevet. « Elle sera lue en temps voulu », chuchotais-je à chaque fois que je passais devant elle.

Message

Deux semaines : c'est le temps qu'il m'avait fallu pour pouvoir ouvrir à nouveau cette lettre. J'étais assise sur mon lit, je pleurais déjà avant d'avoir lu le premier mot, en fixant cette photo de nous deux qu'il avait soigneusement glissée dans l'enveloppe. Il fallait absolument que je lise les derniers écrits d'Arthur ! Habituellement, les petits messages sur papier ne me faisaient ni chaud ni froid, mais pas cette fois... il n'en était d'ailleurs pas à sa première lettre ! Il adorait écrire, c'était pour lui la manière la plus simple de s'exprimer. Déclarations d'amour, excuses, il m'écrivait toujours tout, noir sur blanc, en espérant que cela passe mieux. C'était tellement mignon.

Un peu ringard, mais mignon ! Enfin, je pris mon courage à deux mains.

Mes yeux se posèrent sur la première phrase.

Si tu lis cette lettre, c'est que je suis définitivement parti. Et je suis désolé, vraiment désolé de te laisser continuer cette aventure seule... je sais que tu penses que je suis un lâche et dans un sens, tu as raison. Seulement, il m'est devenu plus difficile de vivre que de mourir, alors à quoi bon ? Je m'excuse pour toute la souffrance que je t'ai causée. Je me rends compte à quel point j'ai été ignoble avec toi. Je t'ai fait du mal et toi tu ne m'as pas laissé pour autant, parce que tu voulais que je m'en sorte, pour ça je te remercie. Merci d'avoir eu autant d'espoir en moi, d'avoir rendu mon monde un peu plus beau pendant toutes ces années. Tu es une personne merveilleuse et j'ai eu beaucoup de chance de t'avoir rien que pour moi. Maintenant, mon vœu le plus cher est que tu trouves quelqu'un de bien, qui te rende vraiment heureuse et qui atténue tes peines, car tu le mérites tellement. Je sais, sans prétention, à quel point ma présence est importante pour toi et pourtant, j'aimerai te faire comprendre que mon absence ne te sera que bénéfique. Tu vas retrouver une vie normale, avec tes amis, ta famille, tous ces gens que tu as mis de côté pour moi. Je me sens honteux de t'avoir emportée avec moi en enfer.

J'aurais aimé que tu partes avec moi loin d'ici, comme je te l'avais demandé quelques mois auparavant. J'aurais voulu essayer, rien qu'essayer de tout recommencer à zéro, juste avec toi... mais aujourd'hui je comprends parfaitement ton refus. Peut-être que cela n'aurait rien changé. Ce poids sur mes épaules ne serait certainement jamais parti. Je veux surtout que tu ne te sentes pas fautive de tout ce qui se passe. Je suis sûr que certaines personnes vont vouloir te persuader du contraire, mais il ne faudra pas les écouter ! JE suis le seul à décider. Maintenant, il faut que je te laisse. Sache que je n'ai aimé que toi. Tu as toujours été la seule et l'unique personne en qui j'avais une confiance aveugle. Je regrette de ne pas te l'avoir prouvé davantage. J'espère que tu me pardonneras pour tout ce que j'ai pu faire ainsi que pour cette dernière douleur que je t'inflige en fuyant cette vie. Tu m'as maintenu en vie autant que tu as pu et cela fait de toi mon ange gardien. Maintenant, nous allons inverser les rôles. Je veillerai sur toi d'en haut, ou d'en bas, si ce que l'on dit est vrai. Putain ! j'ai peur, Alex.

Tu es quelqu'un d'exceptionnel, tu es belle et extrêmement intelligente, l'avenir ne pourra que t'être favorable, je n'en doute pas une seule seconde. Sois forte comme tu l'as toujours été ! Je t'aime, je t'aimerai toujours, ne l'oublie jamais !

Horizon

FORTE ? MOI ? J'étais loin de l'être. En partant, Arthur avait emmené avec lui une partie de moi… et après avoir lu sa lettre, c'était mon cœur que j'avais senti voler en éclats. Tout en moi semblait mort.

Je ne parvenais plus à trouver la motivation de sourire, de parler ou de travailler. Il me manquait tellement ! C'en était devenu obsessionnel, il m'était impossible d'imaginer mon futur sans lui.

Il hantait mes pensées jour et nuit. C'est d'ailleurs à ce moment que je fis connaissance avec mes terreurs nocturnes : cauchemars, somnambulisme, réveils au beau milieu de la nuit en pleurant et en criant… Tout ce que je voyais une fois les yeux fermés n'était qu'horreur. Je luttais donc chaque soir pour ne pas m'endormir, mais la fatigue l'emportait toujours et me renvoyait de plus belle dans un sommeil atroce. Malgré tout ce qui m'arrivait, je m'efforçais de tenir debout parce que j'avais la ferme intention de sortir de cet enfer.

Je voulais absolument que ma vie change, une bonne fois pour toutes ! Pour ceux qui croyaient en moi, pour

Arthur et pour moi-même. Faire mon deuil était la dernière épreuve à passer. La plus difficile de toutes.

Aujourd'hui, trois ans sont passés. J'ai réussi mon épreuve. J'ai trouvé la force nécessaire pour le laisser partir. J'ai mis du temps à accepter qu'il ne soit plus là, comme j'ai mis du temps à accepter le fait que mes souvenirs les plus douloureux, eux, ne s'en iraient jamais. Heureusement, j'ai été soutenue, épaulée par mes proches, pour cela je leur serai éternellement reconnaissante.

Sans eux, je n'aurais jamais pu me relever de cette histoire. J'ai aussi fait de nouvelles rencontres qui ont changé le cours de mon existence, après quoi j'ai réalisé que je pouvais aimer et être aimée à nouveau, sans me sentir coupable.

J'ai eu beaucoup de mal à baisser ma garde pour enfin me laisser le droit d'être heureuse, mais j'y suis parvenue tout de même…

Mes nuits sont toujours mouvementées et me rappellent sans cesse que ce que j'ai vécu a été éprouvant. Je vois beaucoup Arthur dans mes rêves et je l'entends souvent me dire que rien ne s'efface jamais.

Oui, rien ne s'efface jamais, mon passé a d'ailleurs fait de moi ce que je suis maintenant et je ne le regrette absolument pas.

Pour autant, je ne veux pas le laisser me rattraper et m'empêcher d'avancer, car je sais à quel point cela peut détruire une vie.

Je me suis donc décidée à aller voir un médecin. C'est la raison pour laquelle j'ai commencé à écrire. On appelle ça une autobiographie thérapeutique.

Imprimé en Allemagne
Achevé d'imprimer en novembre 2023
Dépôt légal : novembre 2023

Pour

Le Lys Bleu Éditions
40, rue du Louvre
75001 Paris

www.ingramcontent.com/pod-product-compliance
Lightning Source LLC
Chambersburg PA
CBHW062348010826
49168CB00024B/319